Jakob Anderhandt

Statt mit den Großen zu irren

Das praktische Kolonialprogramm Eduard Hernsheims

1. Menschenfreundlichkeit konstruieren: Hongkong, September 1873

Unter dem Titel »Menschenfreundliches Verhalten gegen Schiffbrüchige« erschien am 21. November 1873 in der *Straßburger Zeitung* ein Beitrag, der in den Wochen zuvor schon in der *Norddeutschen Allgemeinen* abgedruckt worden war. Berichtet wurde über die selbstlose Rettung von Seeleuten aus dem havarierten Hamburger Schoner *R. J. Robertson* durch Einwohner der winzigen Insel Typinsan, einem Teil der Liukiu-Kette im Süden Japans. Die Insulaner, vor deren *Upubishi*-Riff der Dreimaster nach schwerster Beschädigung während eines Taifuns die Anker warf, hatten die Mannschaft in einbaumartigen *sabanis* vom Wrack geholt, aufs Gastlichste aufgenommen und gut einen Monat lang verpflegt, bevor sich auf einer geschenkten Dschunke von den nördlichen Loochow-Inseln die Gelegenheit zur Weiterreise ergab.[1]

Eine Fußnote zur Meldung enthielt die entscheidende Wendung. Dem »Herrn Verleger« sei vom Führer des Schoners, Kapitän Eduard Hernsheim, ein »höchst ausführlich« geführtes Tagebuch eingesandt worden, aus dem man demnächst nähere Aufschlüsse über die Lebensweise und Kultur auf der exotischen Insel zu bringen gedächte.

Das Tagebuch hatte bis dahin einen weiten Weg hinter sich. Etwa Mitte November hatte Ruben Jonas Robertson, ein kleinerer Reeder in Altona, zugleich Hernsheims Onkel und Finanzier, das von Hongkong aus zugestellte Dokument dem Hamburger Senat überlassen. Dieser hatte es nach Berlin an Reichskanzler Otto von Bismarck gesandt, der den Ausführungen Hernsheims erste Anregungen entnommen hatte, wie von Staats wegen solch ›braven‹ Insulanern‹ eine Anerkennung zuteil werden könne.

In einem Schreiben an den deutschen Konsul in Hongkong, Johannes F. Cordes, hatte Hernsheim das zwischen den Zeilen bereits angeregt. Die ihm und weiteren sechs Überlebenden zuteil gewordene Behandlung sei in der Inselregion ein Ausnahmefall, »[g]anz verschieden« von derjenigen, welche »so manche andere Bemannungen« von Schiffen erfahren hätten, die an der chinesischen oder der Formosa-Küste gestrandet wären.[2] Cordes hatte den Wink verstanden und in einem Begleitschreiben nach Berlin hinzugefügt, ein auf Typinsan zu hinterlassender »Eindruck der Anerkennung« wäre national im Interesse der »Deutschen Schifffahrt«.[3] Im günstigsten Fall, das hoffte man insgeheim, würden andere Inselvölker dem belobigten Beispiel folgen.

Wohl ebenso auf Hernsheims Veranlassung erschienen rühmende Berichte über die Rettung in der Hongkonger *China Mail*, im Schanghaier *North China Herald* und sogar der (deutschsprachigen) *Süd-Australischen Zeitung*.[4] Am 18. Februar 1874 legte endlich auch der *Reichs- und Staatsanzeiger* nach, denn inzwischen stand endgültig fest, daß mittels der Aufstellung einer Marmortafel auf Typinsan es tatsächlich zu einem »Ausdruck des Allerhöchsten Dankes« Seiner Majestät des deutschen Kaisers kommen sollte.

Ausschlaggebend dafür waren und blieben aber die Berichte der *Straßburger Zeitung*. Herausgeber Friedrich Thiel, verschwägert mit Hernsheim über die Ehe mit der älteren Schwester Rosette, druckte ab dem 5. Dezember 1873 nicht nur die angekündigten näheren Aufschlüsse ab, sondern in einer dreizehnteiligen Fortsetzungsserie das gesamte Kapitänstagebuch Eduard Hernsheims. Kronprinz Friedrich, verbunden mit Elsaß-Lothringen seit der Schlacht von Sedan, zählte bekanntermaßen zu den Lesern des Blattes. Ob dies nun der Hintergrund für einen gewieften Plan Hernsheims oder des Schwagers war – Friedrich Wilhelm Nikolaus, so hält Hernsheim in seinen etwa 1907 niedergelegten *Lebenserinnerungen* fest, erfuhr jedenfalls durch diese Fortsetzungsserie von der Havarie, zeigte sich davon berührt, und auf dieses »Interesse«, meinte Hernsheim im Rückblick, sei es schließlich zurückzuführen gewesen, daß im Januar 1876 SMKanonenboot *Cyclop* nach Typinsan entsandt wurde, um den Inselbewohnern den Kaiserlichen Dank abzustatten.[5]

Anders Hernsheim im Privaten. Hier blieb die Havarie, der Verlust von zwei Menschenleben vor der Strandung, stets eine Katastrophe. In die Kajüte seines nächsten Schiffes, des Teakholzschoners *Coeran*, heftete Hernsheim einen Vers aus der Äneis: »Et tu ne cede malis, sed contra audentior ito.«[6] (»Wenn dir Schlimmes widerfährt, dann gib ihm nicht nach, sondern versuche es erst recht.«) Anders auch die Perspektive Typinsans. Das für Hernsheim zweifelsohne bizarre Geschenk einer Dschunke durch den Statthalter auf Groß-Loochow, das ihm und den Gefährten die Abreise nach Keelung ermöglichte, war für Typinsan ein wesentliches Element einer komplizierten und kostspieligen Tarnungsstrategie, mit der man sich im Zeichen waffentechnischer Unterlegenheit gegen eine mögliche Vereinnahmung durch einen der westlichen Nationalstaaten zu schützen versuchte. Fremde, gleichgültig ob zu Handelszwecken eingelaufen oder gestrandet, sollten keine brauchbaren Informationen über die lokalen Verhältnisse erlangen, sondern so schnell wie möglich wieder in See gebracht werden. So konnte Hernsheim trotz gut einmonatigem Aufenthalt auf Typinsan nur recht unschlüssig an Cordes berichten, auf der Insel werde ein Gemisch aus Japanisch und Chinesisch gesprochen. Das Aussehen der Einheimischen beschrieb er als »entschieden mongolisch«;[7] darin gespiegelt ist aber bloß die seinerzeitige Anweisung der Lokalbehörde, Elemente japanischer Kultur – bis hin zu Kleidung und Haartracht – vor Fremden zu verbergen. Rückschlüsse von Besuchern besonders auf die politische Abhängigkeit der Inseln vom Fürstentum Satsuma in Südjapan wollte man schon im frühesten Stadium vereiteln.

Förderlich für ein praktisches Kolonialprogramm, wie es sich in Hernsheims Polit- und Medienkampagne erstmals niederschlug, war all dies nicht. Geboren in der väterlichen Wohnung in der Mainzer Stadthausstraße am 22. Mai 1847, hatte Eduard Ludwig Hernsheim aus Abenteuerlust zur Seefahrt gefunden. Nach einer ersten Reise als Volontär nach Asien (1865), einer Amerika- und Afrikafahrt (1866), dem Kapitänsexamen in Kiel (November 1867), weiterer Afrikatouren als Offizier für das Hamburger Handelshaus *O'Swald*, sowie der Jungfernfahrt des *R. J. Robertson* mit Kohlen von Cardiff nach Hongkong (1871/72), war Hernsheim während einer Teeverschiffung von Foochow erstmals in Berührung mit der pazifischen Inselwelt gelangt.

Die Flaute in der chinesischen Küstenschiffahrt erzwang in den späten 1860er Jahren bei Hamburger Kapitänen ein Umdenken in Richtung der Westgrenzen des Pazifiks: »Auf der Malaiischen Halbinsel«, erinnerte Hernsheim sich im Jahr 1907, »waren Zinnlager entdeckt worden, deren Ausbeutung eine große Zukunft zu versprechen schien. Von den Bänken der Javasee bis nach der Torresstraße wurden durch Fischer und Taucher Perlschalen und die wertvollen Seeprodukte, besonders Trepang ..., heraufgeholt. Schildpatt, indische Vogelnester, Gewürze, kostbare Paradiesvögel – alles dies war in der vor [uns] liegenden Inselwelt zu erlangen.«[8] Was es zusätzlich brauchte, um diese Schätze zu heben, waren Kapitalgeber in der Heimat, die einen Auf- und Ausbau des Handels in solchen von Europäern kaum erschlossenen Gebieten finanzierten. Um sie wenigstens einigermaßen von der Sicherheit ihrer Einlagen überzeugen zu können, mußte jedoch im deutschen Bewußtsein das Vorhandensein ›guter‹ Ureinwohner in den fraglichen Gegenden vor eine noch hauptsächlich wahrgenommene Existenz ›wilder‹, ›räuberischer‹ und ›kriegerischer‹ Stämme geschoben werden. In seinem Tagebuch versuchte Hernsheim dies mit der Feststellung, die Bewohner Typinsans seien lobenswert sogar in einer Weise, daß sie »civilisirten Völkern zum Muster« dienen könnten.[9]

Daneben bildete nach allgemeinem Urteil auch eine verstärkte Präsenz der Kaiserlichen Marine einen Schlüsselgaranten für Investitionssicherheit. Wenig verwunderlich regte Hernsheim in seinen Eingaben ebenso einen vermehrten Aufenthalt deutscher Kriegsschiffe im Westpazifik an. Spätestens mit dem Erlaß Kaiser Wilhelms I. zur Aufstellung der Gedenktafel auf Typinsan ergab sich aus beidem zusammen eine Pointe: Fand nämlich die Aufstellung mithilfe eines Kriegsschiffes statt (wie von Hernsheim in einem späteren Schreiben von Hongkong noch eilends angeregt), und nutzte man diese Aktion gleichsam im Vorübergehen zur Einrichtung eines deutschen Marinestützpunkts, dann bedeutete das für Kapitäne wie Eduard Hernsheim Kohlen- und Proviantlieferungen an die neue Station, einträgliche Nebeneinkünfte, mit denen man ein Handelsgeschäft im Pazifik in den Aufbaujahren spielend querfinanzieren konnte.

2. Die Personalfrage lösen: Westpazifik, 1874–1883

Innerhalb der deutschen Stützpunktpolitik (ab etwa 1876) folgte die Flagge dem Handel. Kaufleute mit kolonialen Ambitionen oder, im Fall Ozeaniens, Handelskapitäne und ihre Agenten hatten Gegenden und Möglichkeiten für neue Geschäfte selber ausfindig zu machen und in Eigeninitiative und -verantwortung auf ein Niveau zu heben, auf dem die Einrichtung einer Verwaltung staatlicherseits sinnvoll erschien. Programmatisch war das erst dann gegeben, wenn mit Überschüssen aus einer bestehenden Wirtschaftstätigkeit, eingezogen etwa als Steuern oder Zölle, eine Verwaltung finanziert werden konnte, ohne zusätzlich die Reichskasse zu belasten.

Bis dahin waren Handelspioniere des Deutschen Reiches jeder nur denkbaren Form einer ungeregelten Konkurrenz ausgesetzt. Risikominimierung betreiben ließ sich unter solchen Vorzeichen fast nur durch eine Senkung laufender Kosten, vorderhand vor allem beim Personal. So stellte Hernsheim die Decksmannschaft seines neuen Schoners, erworben in Singapur im Oktober 1873, aus billig anzuheuernden Malaien zusammen. Trotz dieser Maßnahme scheiterte aber vor Borneo der Versuch, in den spekulativen Tauschhandel einzusteigen, genauso rasch wie kläglich. Hunderte winziger Boote, ausschließlich mit Einheimischen bemannt, so berichtet Hernsheim in den *Lebenserinnerungen*, hätten ihm bei der Ankunft mit dem *Coeran* einen beißenden Verdrängungskampf geboten. Die örtlichen Besatzungen, führte Hernsheim aus, kauften bereits sämtliche Produktbestände der Celebessee auf, »für welche meist schon ein Vorschuß gegeben war und bereits so hohe Preise gezahlt wurden, daß für mich, der ich wohl fünfzigmal größere

Unkosten auf meinem vollbemannten Schiffe hatte, ein Wettbewerb unmöglich war.«[10] Nicht zuletzt besaßen viele Insulaner auch schon bessere Warenkenntnisse als Hernsheim selbst.

War die Beschäftigung von farbigen Hilfskräften an Bord eines Schiffes praktisch gesehen noch vergleichsweise unproblematisch, ergaben sich beim Einsatz von Angestellten im stationären Betrieb neue und eigene Schwierigkeiten. In Koror, dem Haupthafen der Palau-Inseln, den Hernsheim nach der Misere vor Borneo anlief, hatte der in Wilster geborene Kapitän Alfred Tetens gut sieben Jahre zuvor die Anlage einer ersten Baumwoll- und Tabakpflanzung versucht.[11] Vom Hamburger Handelshaus *Joh. Cés. Godeffroy & Sohn* als Schiffsführer der Brigg *Vesta* in die Südsee entsandt, war Tetens in Hongkong auf die Suche nach Landarbeitern gegangen und am 27. April 1867 mit fünfzig unter Vertrag genommenen Chinesen nach Koror gereist. Bei der Weiterfahrt nach Jap am 19. Juni sprossen auf einem gepachteten Grundstück beim Hafen bereits erste Setzlinge. Zur Anleitung und Beaufsichtigung der Chinesen ließ Tetens nun einen »West-Indianer« (Karibikinsulaner) sowie drei »Manilla-Leute« (Filipinos) zurück. Bis zur Wiederankunft der Brigg im Februar 1868 hatten die Chinesen aber unablässig gegen die Aufseher rebelliert und sich sogar an einem Aufstand gegen die Bezirksobersten versucht. Der Abbathule von Koror (d.i. der höchste Mann des Bezirks) suchte Tetens an Bord auf und bat, zur Wahrung des sozialen Friedens die Fremdarbeiter wieder abzuziehen. Tetens entsprach dem, wenn auch zögernd, nachdem von den Palau-Insulanern zugesichert worden war, daß sie die Plantage künftig selbst beaufsichtigen und betreiben wollten. Doch ist in späteren Quellen von dem Projekt nie mehr die Rede. Es muß angenommen werden, daß auch die Einheimischen die Anlage vernachlässigten und die Plantage verwilderte, ohne je getragen zu haben.

Stationsmitarbeiter und -leiter europäischer Herkunft bargen ein anders gelagertes Problempotential. Während eines ersten Vorstoßes zur Karolineninsel Jap im Oktober 1874 begegnete Hernsheim im Haupthafen Rul dem gebürtigen Dänen J.T. Blohm, einem

Leiter der von Tetens während seiner *Vesta*-Expeditionen begründeten westlichen Hauptfaktorei von *Joh. Cés. Godeffroy & Sohn*. Obzwar Hernsheim bemerkte, daß Blohm über »großen Einfluß« bei den Insulanern verfügte, mußte er gleichzeitig feststellen, daß der Däne seine einheimischen Handelspartner »durchaus nicht zum Besten« behandelte.[12] Als binnen der nächsten Monate eine neu in die Palaugruppe einbrechende, us-amerikanische Konkurrenz zwang, die Errichtung weiterer Stationen auf östliche Inseln zu konzentrieren, fand Hernsheim vermeintlich Grund, sein Urteil über Blohm zu ändern. Bei einem nächsten Aufenthalt vor Jap im Juni 1875 lag der Agent im Streit mit den Godeffroys und wurde nach einer kurzen Rücksprache mit dem verantwortlichen Kapitän Löser, Brigg *Susanne*, von Hernsheim abgeworben.

Im Oktober 1875 gründeten Eduard Hernsheim und J. T. Blohm auf den Duke-of-York-Inseln im Kern des späteren Bismarckarchipels die Niederlassung ›Niata‹, den ersten europäischen Handelsstützpunkt auf der Gruppe überhaupt. Während Hernsheims Abwesenheit für Provisions- und Tauschwareneinkäufe in Sydney leistete Blohm aber nicht gerade viel. Laut dem im August des Jahres eingetroffenen Missionar George Brown (*Wesleyanische Mission*, Duke-of-York-Hauptinsel) kaufte der Agent zwar zunächst eine große Zahl an Schildkrötenpanzern bei *big man* Topulu, verbrachte dann aber die meiste Zeit damit, über seine Verrücktheit zu lamentieren, »an einen Ort wie diesen gelangt zu sein.«[13] Nach Hernsheims Rückkehr von Sydney im Januar 1876 unternahm die Dreiergruppe eine Exkursion, auf der man mit Browns Dampfpinasse *Henry Reed* den Bezirk Beridni der westlich gelegenen Gazelle-Halbinsel besuchte. Während Brown und Hernsheim in das Hauptdorf Nodup stiegen, wo sie einen neuen Kirchbau der Mission besichtigten, wanderte Blohm mit einer Flasche Gin zur Niederlassung seines Konkurrenten William Hicks, der von *Capelle & Co* (Marshallinseln) eingesetzt worden, momentan jedoch auf einer Handelstour abwesend war. Als später auch Brown und Hernsheim auf die Station kamen, hatte Blohm mit Hicks' rechter Hand »Portugiesen-Johnny« die Flasche Gin schon geleert und war

nun zu marode, um noch auf einen letzten Abstecher zur Hafen-
insel Matupi in der Blanchebucht mitzugehen. Dort erreichte
Brown und Hernsheim spätabends, als das Kesselfeuer im *Henry
Reed* gerade verloschen war, ein Notruf. Nach einer Eilfahrt im
Ruderboot kam man zurück zur *Capelle*-Station und fand nun
Blohm in der Lendengegend schwer blutend. Ein Schuß aus einer
Pistole hatte um Haaresbreite seinen Penis verfehlt. Nach einer
Operation an Bord des *Coeran* mit primitivsten Mitteln brachte
Blohm – von Hernsheim und Brown ins Kreuzverhör genommen –
zwar die Sprache auf einen Beridni-Mann, der auf die Station
geschlichen wäre und damit Anlaß gegeben hätte zu jenem Schuß,
welcher wegen Einschreitens von »Portugiesen-Johnny« dann fehl-
gegangen sei. Ebenso hartnäckig wie die Beteuerung hielt sich aber
das Gerücht, es habe in der fraglichen Nacht »ein Urteil« über
Blohm gefällt werden sollen. Die Abwesenheit des Konkurrenten
Hicks hätte der Däne zu nutzen versucht, um dessen Frau zu ver-
führen, die gleichfalls auf der Station lebte.[14]
Im November 1875 gründete Eduard Hernsheim zusammen mit
seinem älteren Bruder Franz die Handelsgesellschaft *Hernsheim & Co.* Der rheinische Kapitän Peter Müller, bereits einer der
Offiziere des *R. J. Robertson*, warb im übernächsten Juni auf den
Karolinen vier weitere Europäer für das Kerngeschäft auf den
Duke-of-York-Inseln an. Laut den *Lebenserinnerungen* glichen diese
Männer Blohm zum Verwechseln: »Es war eine tolle Gruppe«,
berichtet Hernsheim, »alle waren verwahrlost und dem Trunke
ergeben, immer rauflustig und schnell mit dem Revolver bei der
Hand. Bis auf einen führten sie ihre ponapischen Weiber mit sich,
ein Umstand, der noch mehr dazu beitrug, Zwietracht unter ihnen
zu säen.«[15] Rückblickend war es denn auch dieser Typ Händler,
der das entscheidende Hemmnis für eine positive Entwicklung
von Hernsheims Geschäft in den Anfangsjahren bildete. Hier,
erläuterte er, habe man leider immer nur die Wahl gehabt zwischen
»Dummköpfen oder Betrügern«, »und beide verstärkten die
schlechten Resultate.«[16]

Ab etwa 1881 verdichteten sich Hernsheims Prinzipien einer nach-
haltigen Geschäftsphilosophie, was auch Auswirkungen in der Per-
sonalpolitik zeigte. Der stellvertretende britische Hochkommissar
für den Westpazifik, Hugh Hastings Romilly, bescheinigte Hernsheim nunmehr, die Angestellten seiner Firma seien alle »wohl-
erzogene Gentlemen, sauber und gepflegt«, die sich vor der eng-
lischen Konkurrenz besonders auch durch ein engeres Vertrauens-
verhältnis zu den Einheimischen auszeichneten.[17] Für den Zeitraum
ab etwa 1883 beweisen Eintragungen in Hernsheims Tagebüchern,
daß er bei Vorwürfen gegen Firmenangestellte mit Versetzungen
oder Entlassungen schnell bei der Hand war, sofern sich die
Belastungen von dritter Seite bestätigen ließen. Nach dem Aufbau
einer ersten europäischen Gerichtsbarkeit im Bismarckarchipel zur
Jahreswende 1885/86 meldete Hernsheim entsprechende Vorwürfe
auch an die Behörden, und das meist unbesehen ihm entstehender
Verluste.

Der Kaiserliche Kommissar für den Bismarckarchipel, Gustav von
Oertzen, formulierte solche Einsichten Hernsheims *a priori* zu einer
politischen Forderung um, mit der das geplante deutsche Schutzgebiet in Melanesien moralisch gehoben werden sollte. In einem
Bericht an Bismarck aus dem August 1884 (noch drei Monate vor
den ersten deutschen Flaggenhissungen) wünschte von Oertzen
bereits, daß künftig ausschließlich »ordentliche, fleißige, praktisch
fähige Männer« als Beschäftigte in das Gebiet entsendet würden,
Angestellte, die »eine gute Gesundheit und das Talent haben, sich
schnell in ihnen ganz neue Verhältnisse hinein zu leben«.[18] Im Hin-
blick auf die Verwaltung des deutschen Schutzgebiets stand quer
dazu jedoch einerseits die Auffassung Bismarcks, der juristisch aus-
gebildete, junge Beamte und pensionsberechtigte Unteroffiziere
für ein »zu theures und unpractisches Material für Colonieen«
hielt.[19] Noch kontraproduktiver war andererseits die Haltung der
Neuguinea-Kompagnie, die per Schutzbrief mit der Verwaltung des
Gebiets betraut werden würde. Sie habe, kommentierte Arthur
Wichmann als Herausgeber einer ersten wissenschaftlichen Entdeckungsgeschichte Neuguineas, »mancher gebrochener Existenz

auf die Empfehlung ›guter Freunde‹ hin eine Stelle in ihrem Beamtenkörper angewiesen«, ohne die Folgen zu bedenken. Wie für Hernsheim in späteren Jahren, so stand aber auch für Wichmann fest, daß in sogenannte »unzivilisierte Gegenden« an Europäern nur »sittlich hochstehende Menschen« gehörten.[20]

3. Behutsam an den kolonialen Gedanken gewöhnen: Sydney, Mount Victoria und Cooktown, Oktober–Dezember 1879

Einen Wendepunkt in den Handelsbeziehungen zwischen dem Deutschen Reich und Australien markierte die *International Exhibition* in Sydney, zugleich die erste Weltausstellung auf australischem Boden. Schon im Vorfeld ihrer Eröffnung (September 1879) zeitigte sie deutscherseits vielseitige Konsequenzen. Das bisherige Honorarkonsulat in Sydney, versehen durch Carl Sahl, Geschäftsführer der angesehenen *Rabone, Feez & Co*, wurde in ein Berufskonsulat umgewandelt. Erster Inhaber des neuen Amts war Friedrich Krauel, ein ambitionierter Kletterer der reichsdeutschen Politlandschaft, bei der späteren Abgrenzung deutsch-englischer Interessensphären in Ozeanien einer der Verhandlungsführer in London. Die *Kölnische Zeitung* entsandte einen ›Special-Berichterstatter‹, den Oberhausener Journalisten Hugo Zöller. Er reiste von San Francisco auf einem Liniendampfer an, auf dem auch der erwähnte Kaiserliche Kommissar für den Bismarckarchipel, Gustav von Oertzen, ein Passagier war.

Verantwortlich für die Logistik des deutschen Teils der Ausstellung zeichnete Ingenieur Franz Reuleaux. Wegen überzogener Vorstellungen und einseitiger Exponatauswahl geriet Reuleaux jedoch bald in die Kritik. Die deutsche Gemeinde in Sydney mit Carl Sahl an der Spitze gründete deshalb einen australischen Zweig des deutschen *Vereins für Handelsgeographie und Förderung deutscher Interessen im Ausland,* um eigene Interessen während der *International Exhibition* besser vertreten zu sehen.[21] Der neue Zweig bemühte sich zunächst um eine alternative Repräsentation deutscher Fabrikanten in Sydney. Hierfür mietete man im Umfeld des Ausstellungspalastes Privaträume an, in denen von Reuleaux zurückgewiesene Exponate gezeigt werden konnten. Diese inoffizielle, rein deutsche ›Privat-Weltausstellung‹ wurde ab Mitte Oktober zu einem genauso unerwarteten wie bahnbrechenden Erfolg.

Daheim bildete der *Verein für Handelsgeographie* eine der frühesten pro-kolonialen Vereinigungen, weshalb es nun denkbar leicht erschien, an die auf der ›Privat-Weltausstellung‹ erkannten, neuen Absatzmöglichkeiten nationale Forderungen anzu-knüpfen. Spezialberichterstatter Hugo Zöller erkannte darin sein Thema. Während einer großangelegten Versammlung von Lands-leuten, organisiert unter der Schirmherrschaft Carl Sahls, erzielte er eine Petition an Bismarck mit reihenweisen Unterschriften, in der man auf ein deutsches Kolonialunternehmen in Ozeanien drängte.

Eduard Hernsheims Erwartungen waren demgegenüber ziemlich realistisch. Er nahm an, daß eines der drei deutschen Kriegsschiffe, die anläßlich der Weltausstellung in Sydney gastierten,[22] gelegen-heitshalber Segelorder nach den Duke-of-York-Inseln bekäme, um dort entweder die deutsche Flagge zu zeigen oder, günstigstenfalls, auf den inzwischen bestehenden deutschen Handelsstationen zu hissen. (Seit 1876 waren neben *Hernsheim & Co* auch *Joh. Cés. Go-deffroy & Sohn* mit Niederlassungen auf der Duke-of-York-Gruppe vertreten.) Malaria-Erkrankungen epidemischen Ausmaßes hatten Hernsheim im Juli des Jahres zur Abreise von Duke of York gezwungen, wonach ihm Ärzte in Hongkong einen Aufenthalt in den Eukalyptuswäldern Australiens zur Kur angeraten hatten. Hernsheim, der am 2. Oktober 1879 per Postdampfer auf den fünf-ten Kontinent gekommen war, lud nunmehr Zöller, mit dem er im Kreis um Carl Sahl Bekanntschaft geschlossen hatte, ein, ihm in den Erholungsort Mount Victoria in den Blue Mountains zu folgen. Die mögliche Flaggenhissung in Melanesien dachte Hernsheim sich dabei als ein Lockmittel, um Zöller in einem zweiten Schritt auf seine neue Südsee-Zentralstation auf der Hafeninsel Matupi zu lotsen. In jedem Fall, glaubte Hernsheim, müßte der Journalist den Aufenthalt im späteren Bismarckarchipel dann ja irgendwie nutzen und würde in späteren Berichten vielleicht etwas wie Reklame für deutsche Geschäfte in Ozeanien machen.

Nach ersten gemeinsamen Wanderungen durch die Eukalyptusland-schaft beim Kurort überließ Hernsheim abends absichtsvoll seine Tagebücher an Zöller, der diesen bereits Anregungen entnahm für eine hoffentlich bald zu schreibende, deutsche Kolonialgeschichte des Pazifiks. Sowohl dieser angedachte Zweck, als auch die träumerische Hoffnung jener Tage schimmern noch durch in der schließlichen Verwendung des Materials in Zöllers Reisebuch *Rund um die Erde*: Hernsheim, erklärt der Journalist hier, besitze den »practischen Blick des Engländers«, die »kühne Energie eines Ame-ricaners«, und es könne ihm deswegen die »Rolle eines deutschen Conquistadors« in der Südsee zugeschrieben werden.[23]

Auf der nachfolgenden Fahrt durch die nordaustralische Kolonie Queensland, wo man in Cooktown in einen von Matupi bestellten Kleindampfer einsteigen wollte, kamen Eduard Hernsheim allerdings erste Zweifel, ob er in dem ›Special-Berichterstatter‹ tatsächlich denjenigen Mann gefunden hatte, der den Deutschen daheim die Südsee als Kolonisationsziel näherbringen konnte. Hernsheims vorsichtige Einwände, der typische Leser zuhause müsse doch erst ganz allmählich und äußerst behutsam an das Thema einer Kolonialgründung herangeführt werden, weil in der Heimat oft nicht einmal genügendes Interesse für das Leben im Ausland als solches bestehe, wurden von Zöller leichtfertig vom Tisch gewischt, ja in einem nächsten Bericht an die *Kölnische Zeitung* umgemünzt zu einer Anklage gegen die eigenen Leser, denen Zöller ihren Kleingeist vorhielt, sollten sie vor Begeisterung über ›Weltpolitik‹, ›Welthandel‹ und ›deutsche Colonieen‹ nicht ebenso glühen wie er. »Ich traf«, heißt es in dem Beitrag in Anspielung auf die Einwände Hernsheims, »eines Tages einen Herrn, der um die Erde gereist war, ohne daß außer seinen besten Freunden irgend jemand etwas davon gewußt hätte. ›Ich werde doch nicht so thöricht sein‹, meinte er, ›die Leute [zu Hause] zu unterhalten, um später die landläufigen, aus mangelndem Inter-esse und mangelnder Bildung einspringenden Scherze in die

Tasche zu stecken. Unter Engländern und Americanern mag man von Welthandel und Weltreisen sprechen, unter Deutschen thut man besser, nur solche Puncte zu berühren, die den Leuten geläufig sind.‹«[24]

In Cooktown platzte die Blase. Nach der Ankunft im Hafenort erhielt Hernsheim eine Depesche, in der die Zahlungseinstellung des Mutterhauses von *Joh. Ces. Godeffroy & Sohn* am Hamburger Wandrahm bekanntgegeben wurde. Mit dem wahrscheinlichen Erlöschen der Firma, deren Chef Johan César VI. Godeffroy wegen der Dominanz seiner Firma auf Samoa und anderen Pazifikinseln als deutscher ›Südseekönig‹ gehandelt wurde, sah Zöller die Aussicht auf einen Anschluß Ozeaniens an das Deutsche Reich als nicht mehr gegeben an. Zöllers visionäre Träume der vorigen Tage schrumpften zur nüchternen Überlegung, auf dem in Cooktown einlaufenden SMS *Albatross* mitzugehen, so daß der Journalist statt von einer zackigen Flaggenhissung immerhin noch über die »mustergültige und immer wieder in jeder Einzelheit meine Bewunderung wachrufende Disziplin« auf einem deutschen Kriegsschiff berichten konnte.[25]

Nach dieser Entscheidung wollte bei Hernsheim eine Freundschaft zu dem Journalisten nicht mehr wachsen. Hingegen konnte es Hugo Zöller im Sommer 1888, als Hernsheim im vom Reich neuerdings ›beschützten‹ Teil der Südsee zu einer festen Größe geworden war, nichts anderes als »bittere Enttäuschung« sein, bei seinem schließlichen Besuch auf Matupi den »alten Freund« nicht anzutreffen.[26] Hernsheim aber war in diesen Wochen in Europa und protestierte mit anonymen Flugschriften gegen das, was Schwärmer wie der Oberhausener nun Deutschlands »große Kolonialzeit« nannten.[27]

4. Schimpfen und gleichzeitig verdienen: Hamburg und Matupi, 1886–1911

Ab 1886 bildete sich ein zweiter, nun schriftlich ausformulierter Teil von Eduard Hernsheims Kolonialprogramm heraus. Er entstand im wesentlichen in Abgrenzung zu den Ideen von Hernsheims mächtigstem Opponenten, dem Berliner Bankier Adolph von Hansemann. Dieser war Vorsitzender der einflußreichen *Disconto-Gesellschaft* und wurde im Sommer 1884 wichtigster Direktor der frisch gegründeten *Neuguinea-Kompagnie*, einer Chartergesellschaft, die nach den Flaggenhissungen im November/Dezember des Jahres die Verwaltung des deutschen Schutzgebietes in Melanesien übernehmen sollte.

Zur Verwirklichung seiner Ziele hatte von Hansemann zunächst Kontakt zu Hernsheims älterem Bruder Franz gesucht, der von 1877–1880 Zentralstellenleiter für *Hernsheim & Co* auf Jaluit (Marshallinseln) gewesen war, dort ansässiger Konsul für das Deutsche Reich und Autor einer kleinen Reihe von Veröffentlichungen über die allgemeinen Verhältnisse, Kultur und Sprache des Inselgebiets. Während eines Berlinbesuchs im April 1884 wurde Franz Hernsheim unter dem Siegel strengster Verschwiegenheit in von Hansemanns Kolonialprogramm eingeweiht. Verhandlungen über ein praktisches Zusammengehen verliefen jedoch resultatlos, weil der Bankier zur Durchführung seiner Pläne eine Fusion von *Hernsheim & Co* mit der *Deutschen Handels- und Plantagengesellschaft der Südsee-Inseln zu Hamburg* (DHPG) im Auge hatte, einem Nachfolgeunternehmen von *Joh. Cés. Godeffroy & Sohn*, in das deren Firmenbesitz in Ozeanien aufgegangen war. Für das Fernziel von Hansemanns, eine gigantische Gesellschaft mit Monopolstellung, der von der Reichsregierung die Hoheitsrechte über ihr Tätigkeitsgebiet eingeräumt würden, bildete ein solcher Zusammenschluß eine entscheidende Voraussetzung. Hingegen empfand Franz Hernsheim es schlicht als »Zumutung«, die eigenen Südseepositionen quasi willenlos an von Hansemann abzutreten. Er schlug vor, daß von Hansemann sich von der *DHPG* löste und statt dessen exklusiv den Ausbau der Südsee-Geschäfte von *Hernsheim & Co* vorantrieb, zu dem eine koloniale Expansion (und nötige Annexionen) dann parallel laufen könnten.[28]

Wenig überraschend brach von Hansemann die Verhandlungen mit Franz Hernsheim daraufhin ab. Die zweite Wahl für einen Partner fiel auf den Ethno- und Ornithologen Otto Finsch, der im

Jahr 1879 als Gast auf Schiffen von *Hernsheim & Co* durch die westliche Südsee gereist war. Am 25. Mai 1884 kam es zu einem ›Expeditionsvertrag‹ zwischen Finsch und einem *Consortium zur Vorbereitung und Errichtung einer Südsee-Insel-Compagnie,* das man zur Initiierung des Hansemann'schen Kolonialprogramms gegründet hatte. Im Auftrag an Finsch scheint dabei erstmals auf, warum sowohl Franz als auch Eduard Hernsheim das Programm kaufmännisch und moralisch unvertretbar erschienen sein muß. Nur im Gebiet der Neuguinea-Hauptinsel sollte Finsch an »... noch unbekannten oder wenig bekannten Küsten die besten Häfen ausfindig ... machen« und von Einheimischen »Land in weitestem Umfange und in solcher Weise ... erwerben, daß sich hieraus unter Vereinigung mit dem Landbesitz der *DHPG* in der westlichen Südsee eine Kolonie bilden« ließ.[29] Weitergehende Befürchtungen Eduard Hernsheims bewahrheiteten sich auf einer Europareise im Sommer 1886 während einer Vorsprache bei von Hansemann in Berlin. Wie Hernsheim in den *Lebenserinnerungen* berichtet, waren für den Bankier der Bismarckarchipel und die dort angesiedelten ›starken Positionen‹ von *Hernsheim & Co* tatsächlich nur ein »Anhängsel, das man mitzunehmen gedachte«, während das »gewaltige Areal Neuguineas« zum »Hauptziel der neuen Bestrebungen« gemacht werden sollte. Dort, so erfuhr Hernsheim, »sollten Städte gegründet und von da aus die ganze Verwaltung eingerichtet werden. Diese schien darauf hinauszulaufen, zu hohen Preisen an freiwillige Ansiedler Land und Gerechtsame zu verkaufen«.

Wichtigster Motor für die Kapitalgewinnung war bei von Hansemanns Modell also eine Spekulation mit Grund und Boden sowie den Ureinwohnern des annektierten Gebiets als de-facto Zwangsarbeitern. Mit Einkünften aus dem Verkauf von deutschem Kronland beziehungsweise einer kostenpflichtigen Vermittlung Einheimischer als Lohnsklaven glaubte der Bankier sowohl die deutscherseits betriebene Erkundung und Erschließung des Landes als auch den Aufbau und Betrieb einer Verwaltung finanzieren zu können. »Meine Vorstellungen«, bilanzierte Hernsheim, »daß auf diese Art

und Weise niemals ein Erfolg zu erwarten sei, schlug von Hansemann in den Wind und entließ mich schließlich mit der Bemerkung:
Nun, es ist ja nicht Ihr Geld, was ausgegeben wird.«[30]
Nicht zuletzt aber hatte das Programm eine fatale Ähnlichkeit mit
der schwindelerregenden französischen Marquis-de-Rays-›Ex-
pedition‹ 1880/81, der Hunderte von Auswanderern aus ganz
Europa nach Neuirland (im Nordosten Neuguineas) gefolgt waren,
um dort entweder qualvoll zu verenden oder mit letzten Mitteln
nach Neukaledonien oder Australien weiterzuziehen. Die düstere
Ahnung einer Parallelentwicklung bestätigte sich für Hernsheim
schließlich im Februar 1888 während eines Besuch im neuen
›Kaiser-Wilhelmsland‹, demjenigen Teil des melanesischen Schutzgebiets, der auf der Neuguinea-Hauptinsel zu liegen gekommen
war. Wie bei dem Gaunerstück des französischen Marquis, so
stellte Hernsheim fest, gab es auch in der neuen ›Hauptstadt‹
Finschhafen zwar einen genauestens reingezeichneten Stadtplan,
aber noch fast keine Häuser. Wie Hernsheim später in seiner Flugschrift *Die Neu-Guinea-Compagnie im Kaiser-Wilhelmsland* (Sommer 1888) öffentlich machte, waren dank aufrichtiger Warnungen
deutscher Konsularbeamter in Australien den Aufrufen der Kompagnie, in das neue Schutzgebiet zu ziehen, glücklicherweise nur
etwa »ein Dutzend Personen« gefolgt. »Von diesen«, berichtete
Hernsheim in der Flugschrift, »sind zwei bald nach der Ankunft [in
Finschhafen] gestorben, drei kehrten enttäuscht mit dem Rest ihrer
Baarschaft nach Australien zurück und der Rest wurde von der
Verwaltung gegen Gehalt als Arbeiter in den verschiedenen tech-
nischen Anlagen der Gesellschaft angestellt.« Den Versuch,
»Ansiedler aus allen Theilen der Welt, in erster Linie unsere …
Landsleute in Australien, in Schaaren herbeiströmen« zu lassen,
müsse man deshalb als »kläglich gescheitert« bezeichnen.[31]

In Reaktion auf die Misere setzte die Berliner Direktion der
Neuguinea-Kompagnie ab etwa März 1889 nicht mehr auf eine
deutsche Siedlerkolonie in Kaiser-Wilhelmsland, sondern die Produktion kolonialer Luxusgüter durch neue, eigene Subunter-

nehmen im Schutzgebiet, also einen Ausbau zur Plantagenbau-Kolonie. Statt ein Neu-Eden für deutsche Zuwanderer sollte Kaiser-Wilhelmsland nun ein zweites Sumatra werden, mit Kakao-, Kaffee- und Tabakplantagen in der Astrolabebucht als wirtschaftlichem Rückgrat. Aber auch dahinter stand eine dramatische Fehlkalkulation. Den Bedarf der einheimischen Bevölkerung an europäischen Industrie- und Halbwaren hatte man gewaltig überschätzt und war so – mangels Hilfskräften vor Ort, die sich zur Befriedigung von Konsumbedürfnissen auf regelmäßige Lohnarbeit in den neuen Betrieben eingelassen hätten – zur Einfuhr von Fremdarbeitern aus dem Bismarckarchipel, Surabaya (Java), Singapur (Straits Settlements) und Swatow (China) gezwungen. Das mündete in eine menschliche Tragödie von bisher nicht gekanntem Ausmaß. Allein von den ersten 2.250 nach Deutsch-Neuguinea eingeschifften chinesischen *coolies* verstarben zwischen August 1891 und April 1892 rund 800 an malariaartigem Fieber und Ruhr.[32] Als das Desaster trotz Verschleierungsversuchen der *Neuguinea-Kompagnie* öffentlich wurde, war im Reichstag die Rede von »reinem Massenmord«.[33] Anfang 1899 kündigte Berlin den Verwaltungsvertrag mit der Kompagnie, und die Landeshoheit ging zurück an das Reich.

Ein anderer, verzweifelter Versuch der Gesellschaft, erkrankte *coolies* zur Ausheilung in den Bismarckarchipel zu überführen, mündete in einer Verschleppung der Epidemie. Hier mußte der Kaiserliche Kommissar Fritz Rose an Reichskanzler Caprivi berichten, die verunglückte Maßnahme habe besonders bei der Südsee-Zentralstation von *Hernsheim & Co* im Bismarckarchipel für »erhebliche Verbitterung« gesorgt, weil die Firma sich an der Einfuhr von Fremdarbeitern erklärtermaßen nicht beteiligte.[34]

Diese konsequente Ablehnung des sogenannten Südsee-›Arbeiterhandels‹ zum Zweck des Plantagenbaus bezeichnete Hernsheim später in seinen *Lebenserinnerungen* als einen der Hauptgründe, weshalb seine Firma trotz jener immensen fremdverschuldeten Schwierigkeiten ab 1891 stetig wachsende Gewinne verzeichnen konnte.[35] Und gleichviel, ob nun in Kaiser-Wilhelmsland oder im Kern des Bismarckarchipels, ob zur Produktion von Kaffee, Kakao und Tabak oder zur massenweisen Erwirtschaftung von Kokosprodukten – Plantagenbau in den deutschen Südsee-Schutzgebieten mit eingeführten Kräften als Arbeitern war bis über die Wende zum 20. Jahrhundert hinaus ohnehin mehr ein ideologisch getriebenes Muß als das Ergebnis nüchterner Wirtschaftlichkeitsrechnungen. Auf den Samoa-Inseln, einer der Wiegen der Südsee-Pflanzungswirtschaft, legte noch 1913 die *Safata-Samoa-Gesellschaft* ihren Betrieb wegen Unprofitabilität nieder. Die *Neuguinea-Kompagnie* zahlte erst in diesem Jahr, also dem neunundzwanzigsten ihres Bestehens, eine erste Dividende.

Dagegen hatten Eduard Hernsheim und sein Bruder Franz sich bereits im Juni 1875 dezidiert und ausschließlich für einen *Handel* mit von Einheimischen hergestellter Kopra entschieden, dem geschnittenen und getrockneten Kernfleisch der Kokosnuß, aus dem in Europa Öl gepreßt und ein wachsender Bedarf an pflanzlichen Fetten bedient werden konnte. Gleichermaßen unter dem Nachfolger Maximilian Thiel, einem Neffen der Brüder, blieb die Gesellschaft ihrem Grundsatz treu, eine rein kaufmännische Unternehmung ohne Pflanzungsbetrieb zu sein. Zur eigenen Anlage von Plantagen entschloß man sich erst im Geschäftsjahr 1901 und allein dank der Möglichkeit einer neuen, rationalisierten Anbauweise. Anstelle großflächiger Rodungen zur Neuanlage und dem Einsatz von Baumwolle als Vorfrucht wurden nunmehr durch Freilegung kleinerer, individueller Pflanzflächen und direktes Setzen von Kokosschößlingen natürliche Palmbestände zu Plantagen aufgeforstet. Die hierfür nötige Zahl an Hilfskräften konnte in der Stammregion der Firma, also ohne Einfuhren von Arbeitern anderer Inselgruppen oder der angrenzenden Kontinente gewonnen werden. Weiterhin wachsende Profite dank dieser Strategie erlaubten der *Hernsheim & Co* im Jahr 1909 die Umwandlung in eine AG. Mit einem Stammkapital von 1,2 Millionen Mark erwirtschaftete die neue Gesellschaft im ersten Geschäftsjahr einen Reingewinn von 133.000 Mark.

Zähe Verhandlungen mit der *Kaiserlichen Admiralität* führten zudem schon 1885 zu einem exklusiven Liefervertrag für Kohlen und anderen Schiffsbedarf an deutsche Kriegsschiffe im Bismarckarchipel. Im April 1886 wurde die Vereinbarung um eine ähnliche mit der *Australischen Station* der *Königlich Britischen Marine* ergänzt. Parallel dazu erlangten *Hernsheim & Co* auch Warenlieferungsverträge mit der *Wesleyanischen Mission* und sogar dem irisch-neuseeländischen Konkurrenten Thomas Farrell. Eine solche Diversifizierung machte Hernsheims Geschäft auch über die 1909er Umwandlung hinaus ausgesprochen krisensicher.

5. Die Geschichte den Konjunktiv lehren

In seiner frühesten Flugschrift *Der Bismarck-Archipel und seine Zukunft als deutsche Colonie* (1886) entwickelte Hernsheim entlang den Linien seiner Geschäftsphilosophie ein alternatives Kolonialprogramm für das deutsche Schutzgebiet in Melanesien. Statt auf die bisherigen Errungenschaften deutscher Handelskapitäne und Kaufleute geringschätzig herabzusehen, wie von Hansemann es tat, schlug Hernsheim den Kern des Bismarckarchipels, dessen Inseln bereits seit 1820 von Walfangschiffen angelaufen worden waren und auf denen sich seit spätestens 1875 fest niedergelassene Händler europäischer Herkunft befanden, als Ausgangspunkt für den Aufbau einer Handelskolonie vor.

Angezogen durch das hier bereits Erreichte sollte von einer bewußt langsam wachsenden Zahl deutscher Neusiedler – Vertretern möglichst verschiedener Berufsgruppen – zunächst noch ausschließlich Tauschhandel getrieben werden, damit die Insulaner sich dank einer so angebotenen Vielfalt von Kontakten ihre Partner selber aussuchen und das Tempo ihrer ›Zivilisierung‹ in Grenzen mitbestimmen konnten. Erst zu einem späteren Zeitpunkt würde der Archipel dann auch zum Ausgangspunkt für eine Erkundung und Erschließung Kaiser-Wilhelmslands gemacht, die aber – anders als beim Programm der *Neuguinea-Kompagnie* – nicht rein privat finanziert, sondern staatlich subventioniert und von Beamten beziehungsweise Regierungskommissaren betrieben werden sollte.

Im Unterschied dazu – und stillschweigend anknüpfend an von Hansemanns Ideen – wünschte der Kompagniebeamte Joachim Graf Pfeil (Kerawara, Duke-of-York-Gruppe) die faktische Versklavung der indigenen Bevölkerung zur Einrichtung einer profitablen Plantagenbau-Kolonie. Für von Pfeil waren »Südsee-Insulaner« schlichtweg nicht an Lohnarbeit zu gewöhnen und entwickelten in gebotener Zeit auch nicht genügend Konsumbedürfnisse, um sie als Angestellte zu nutzbringenden Mitgliedern einer Volkswirtschaft europäischer Manier zu machen. Die einheimische Kopraherstellung, glaubte von Pfeil, müßte langfristig durch eine plantagenbasierte Produktion von Kaffee, Baumwolle und anderen Pflanzungserzeugnissen abgelöst werden, damit eine gewinnträchtige Bewirtschaftung der annektierten Flächen überhaupt möglich wäre.[36]

Chaotische Verwerfungen und indigener Widerstand wurden im Bismarckarchipel aber nicht allein durch Zwangsrekrutierungen von Arbeitern für die Plantagenbetriebe Kaiser-Wilhelmslands und Deutsch-Samoas provoziert, sondern im gesamten Schutzgebiet auch durch vermeintliche ›Landkäufe‹ für eine solche kommerzialisierte Verwertung von Grund und Boden. Eduard Hernsheim, der sich ab 1883 intensiv mit dem indigenen Gewohnheitsrecht im Archipel beschäftigte, war überzeugt, daß man Land in Melanesien nach europäischen Begriffen überhaupt nicht ›kaufen‹ konnte und traf entsprechende Vereinbarungen mit Dorfschaften oder Anführern ausschließlich als Schutzmaßnahme gegen ein Einbrechen von konkurrierenden (europäischen) Firmen in die eigenen Stammgebiete. Mit Blick auf den Nordteil Neuirlands, wo *Hernsheim & Co* etwa zehn Jahre lang ein Handelsmonopol hielten, vermeldete Kommissar von Oertzen, daß Eduard Hernsheim die Neuirländer für von »seinem« Land gelieferte Kopra genau so bezahlte, »*als wäre sie ihr Eigenthum*«.[37] Soweit es schriftlichen Quellen zu entnehmen ist, waren *Hernsheim & Co* tatsächlich die einzige große Handelsgesellschaft im deutschen Südsee-Schutzgebiet, die dem indigenen Landrecht in allen Phasen der deutschen Kolonialzeit gebührenden Respekt erwies.

Naive Kolonialbegeisterung wie diejenige Hugo Zöllers und ein-
seitige, verzerrende Berichte von Expeditionsleitern wie Otto
Finsch waren es laut Hernsheim, die zum Fiasko der *Neuguinea-
Kompagnie* in Kaiser-Wilhelmsland führten. Auch war es diese
Naivität, wegen der Hernsheim während seiner Europareise im
Sommer 1886 die Heimat in der Kolonialfrage tief gespalten fand:
»Während die eine Hälfte zu glauben schien«, erinnerte Hernsheim
sich 1907, »daß durch Aufziehung der Flagge schon alles
geschehen sei, um in kürzester Frist nicht nur eine wirkliche
deutsche Kolonie gegründet zu haben, sondern derselben auch
ungeahnte Reichtümer entziehen zu können, versicherte die
andere Hälfte mit Schadenfreude, daß in dem von uns erwählten
Teile der Erde gar nichts zu holen sei ... und daß wir nichts bes-
seres tun könnten, als unsere Flagge schnell wieder herunter-
zuholen und Geld und Mühe zu sparen.«[38] Eine solche Frak-
tionierung mangels Kenntnis der tatsächlichen Verhältnisse bildete
für Hernsheim schließlich auch den entscheidenden Grund,
warum er während des Europabesuchs im Sommer 1886 keine Mit-
streiter für den von ihm favorisierten Mittelweg fand. Besonders
auf die Wochen in Berlin, wo unter anderem Gespräche mit Arthur
Gwinner, dem späteren Direktor der *Deutschen Bank*, im Sande verliefen, blickte Hernsheim erst Jahre später ohne Grimm zurück.
Man habe einfach damals, so meinte er 1907, lieber mit den
»Großen irren« als mit ihm selber »richtig gehen« wollen.[39]
Ob unter der Voraussetzung eines fortbestehenden Weltfriedens
Hernsheims ›praktisches Kolonialprogramm‹ endgültig den Sieg
davongetragen hätte, läßt sich stichhaltig nicht entscheiden. Dies vor
allem deshalb nicht, weil nach 1918 und Übergabe des »alten Schutzgebiets« (Bismarckarchipel und Kaiser-Wilhelmsland) an die austra-
lische Mandatsverwaltung die Verhältnisse dort zu verschieden
waren, als daß man sinnvoll Analogieschlüsse ziehen könnte. Auch
war Hernsheim, der am 13. April 1917 in Hamburg verstarb, spätestens im Todesjahr überzeugt, daß infolge der Kriegsentwicklung die
deutschen Südsee-Kolonien für das Reich unrettbar verloren waren.
Im Großen kennt die Geschichte eben doch keinen Konjunktiv.

Belege und Anmerkungen

1 Belege zu den im Beitrag genannten Fakten finden sich in meiner Biographie: Jakob Anderhandt, *Eduard Hernsheim, die Südsee und viel Geld* (zwei Bände, zweite, durchgesehene Auflage), Hamburg: tredition 2021. Geographische Bezeichnungen sind die in Deutschland zur Mitte des 19. Jahrhunderts gebräuchlichen.

2 Hernsheim an Cordes (Abschrift), Einlage in Cordes an Reichsaußenministerium, 19.09.1873, Bundesarchiv, R 901/12867, Die Rettung der Besatzung des verunglückten Hamburger Schiffes Robertson durch Einwohner der Insel Typinsan und die Errichtung eines Denkmals auf dieser Insel, Bd. 1.

3 Cordes an Reichsaußenministerium, 19.09.1873, a.a.O.

4 Ausgaben vom 01.09.1873, 13.09.1873 und 20.01.1874 respektive.

5 Eduard Hernsheim, *Südseekaufmann: Gesammelte Schriften.* Münster: MV-Wissenschaft, S. 41.

6 Vergil, *Äneis* VI, 95, und E. Hernsheim, a.a.O, S. 47.

7 E. Hernsheim, a.a.O., S. 254.

8 a.a.O., S. 44.

9 a.a.O., S. 261.

10 a.a.O., S. 47.

11 Den folgenden Angaben liegen die originalen Expeditionsberichte von Alfred Tetens zugrunde: Alfred Friedrich Tetens, Reisetagebücher (ca. 1860–1869), Staatsarchiv Hamburg, Familienarchiv Tetens (622-1). Ein kommentiertes Transkript der Kurrent-Handschriften, von mir angefertigt, wurde vom Pacific Manuscripts Bureau (Canberra, Australien) als Mikrofilm (PMB 1319) veröffentlicht. Tetens' gedruckte Erinnerungen *Vom Schiffsjungen zum Wasserschout*, Hamburg: Niemeyer Nachf., 1889, wurden vom Herausgeber S. Steinberg verfälscht und nationalistisch verbrämt. Siehe hierzu besonders: Hans Fischer, »Der Kapitän«, in: ders., *Randfiguren der Ethnologie. Gelehrte und Amateure, Schwindler und Phantasten*, Berlin: Reimer, 2003, S. 38–57, hier S. 41-48.

12 E. Hernsheim, *Südseekaufmann*, S. 55.

13 Brown an Milne, 08.02.1876, George Brown, Letter Book 1871-1876, Mitchell Library, Sydney, CY2767.

14 Brown an Blohm, 21.06.1876, a.a.O.

15 E. Hernsheim, a.a.O., S. 91f.

16 a.a.O., S. 152.

17 Romilly an Western Pacific High Commission, 06.08.1881, High Commission for Western Pacific Islands, Correspondence, University of Auckland Library (Neuseeland), Special Collections, Western Pacific Archives, WPHC 4/IV, 158-[18]81.

18 v. Oertzen an Bismarck, 08.08.1884, Bundesarchiv, R 1001/2793, Die diesseitigen Beziehungen zu den Marshall Inseln, Carolinen, Duke of York, Neu Irland und Neubritannien, sowie der Ralick- und Ellice Group, 20. September-Dezember [?] 1884.

19 Bismarck in einem Gespräch mit Henry Robertson, dem Partner der Brüder Hernsheim, von diesem wiedergegeben im *Hamburgischen Correspondenten*, Morgenausgabe, 20.01.1886.

20 Arthur Wichmann, *Nova Guinea: Entdeckungsgeschichte von Neu-Guinea*, II, Leiden: Brill, 1910ff., S. 397.

21 Der Name wird in zeitgenössischen Quellen unterschiedlich wiedergegeben. Varianten sind u. a.: *Zentralverein für ...* und *... Vertretung deutscher ... .*

22 Es handelte sich um SMS *Bismarck, Nautilus* und *Albatross.*

23 Hugo Zöller, *Rund um die Erde: ... Sitten und Culturschilderungen aus den hervorragendsten Colonialländern*, Köln: Du Mont-Schauberg 1881, I, S. 130.

24 *Kölnische Zeitung*, 11.03.1880, 3. Blatt.

25 Hugo Zöller, *Als Jurnalist [sic] und Forscher in Deutschlands großer Kolonialzeit,* Leipzig: Köhler & Amelang, 1930, S. 48.

26 ders., *Deutsch-Neuguinea und meine Ersteigung des Finisterre-Gebirges,* Stuttgart, Berlin u.a.: Union Deutsche Verlagsgesellschaft, 1891, S. 287.

27 Nach einem Buchtitel Zöllers, vgl. Endnote 25.

28 Bernhard Schulze, *Der Disconto-Ring und die deutsche Expansion 1871-90: Ein Beitrag zum Verhältnis Monopol : Staat.* (Inaugural-Dissertation.) Leipzig: Karl-Marx-Universität, 1965, I, S. 98. Laut Franz Hernsheim war von Hansemann ein »gar hartgesottener Dickkopf ..., der auch in Südseefragen alles besser wissen wollte« (Franz Hernsheim, *Südsee-Schriften: Erinnerungen und Tagebücher,* Hamburg: tredition, 2019, S. 48).

29 Liane Werner, *Geschichte des deutschen Kolonialgebiets in Melanesien.* (Diplomarbeit.) Berlin: Humboldt-Universität, 1965, II, S. 7. (Die Arbeit ist in den Bibliotheksbeständen der Humboldt-Universität nicht enthalten, existiert aber als Mikrofilmkopie in der Sammlung des Pacific Manuscripts Bureau, Canberra, PMB 514.)

30 E. Hernsheim, *Südseekaufmann,* S. 198.

31 [Eduard Hernsheim,] *Die Neu-Guinea-Compagnie im Kaiser-Wilhelmsland,* Hamburg 1888, S. 6 und 5, wiedergegeben in ders., *Südseekaufmann,* S. 745.

32 Angabe nach Stewart Firth, *German Recruitment and Employment of Labourers in the Western Pacific before the First World War.* (Dissertation.) Wetherby: Oxford University [1973?], S. 105.

33 Dr. Ernst Hasse (Nationalliberale Partei) in der Sitzung des 2. Juni 1896, *Stenographische Berichte über die Verhandlungen des Reichstages,* IX. Legislaturperiode, IV. Session, 1895/97, 4. Band (1896), S. 2368.

34 Rose an Caprivi, 03.10.1891, Bundesarchiv, R 1001/2980, Allgemeine Verhältnisse in Kaiser-Wilhelmsland, Mai 1891-März 1892.

35 Hernsheim: »... daß wir uns nicht mit Arbeiteranwerbung beschäftigten und daher keine Schwierigkeiten mit den Eingeborenen hatten.« – ders., *Südseekaufmann,* S. 192.

36 Joachim v. Pfeil, *Studien und Beobachtungen aus der Südsee.* Braunschweig: Vieweg & Sohn, 1899, S. 244, ferner S. 238.

37 v. Oertzen an Bismarck, 05.05.1886, Anlage L (kursiv von mir, J.A.), Bundesarchiv, R 1001/2937, [Landerwerbungen vor Erklärung der deutschen Schutzherrschaft, Südsee, hier:] Acta betreffend die Erwerbungen des Amerikaners Farrell ... .

38 E. Hernsheim, *Südseekaufmann,* S. 195.

39 a.a.O., S. 198.

Überarbeitete und aktualisierte Fassung, Oktober 2022. Erstveröffentlichung in: *Saeculum: Jahrbuch für Universalgeschichte,* Band 64 (2014), 1. Halbband, S. 55-71.

IMPRESSUM

Rechte und Inhalte Dritter sind als solche gekennzeichnet. Trotz sorgfältiger Recherchen waren nicht alle Rechteinhaber der zitierten / veröffentlichten Texte / abgedruckten Photographien, Karten oder Illustrationen zu ermitteln. Nicht angefragte Rechteinhaber bitten wir gegebenenfalls, sich über post@die-suedsee-bibliothek.org mit uns in Verbindung zu setzen.

Bibliographische Information der Deutschen Nationalbibliothek: Die Deutsche Nationalbibliothek verzeichnet diese Publikation in der Deutschen Nationalbibliographie; detaillierte bibliographische Daten sind im Internet über http://dnb.d-nb.de abrufbar.

Jakob Anderhandt
Statt mit den Großen zu irren …
erscheint als Kurzbeitrag Nr. 2 der Schriftenreihe
Die Südsee-Bibliothek
bei tredition GmbH, Ahrensburg
www.tredition.com
© 2023 der vorliegenden Ausgabe

© 2014 und 2022 Jakob Anderhandt
Lektorat und Korrektorat: Pauline Smith
Umschlag, Satz und Illustration: Pauline Smith
Bildnachweis Titel:
R. Hellgrewe, Der Bismarckarchipel während der dt. Kolonialzeit
in: Ottomar Beta, *Das Buch von unseren Kolonien*. Leipzig, 1908.
Druck und Distribution im Auftrag: tredition GmbH
An der Strusbek 10, 22926 Ahrensburg

ISBN 978-3-347-75104-0 (Paperback)
ISBN 978-3-347-75105-7 (eBook)

Zeitfracht Medien GmbH
Ferdinand-Jühlke-Straße 7
99095 Erfurt, Deutschland
produktsicherheit@kolibri360.de